Dados Internacionais de Catalogação na Publicação (CIP)
Angélica Ilacqua CRB-8/7057

```
Assis, Joana de
    Verônica, a magricela que era forte / Joanna Rita
de Assis ; ilustrado por Lais Oliveira. -- Barueri,
SP : Girassol, 2024.
    32 p. : il., color.

    ISBN 978-65-5530-832-7

    1. 1. Literatura infantojuvenil brasileira I. Título
II. Oliveira, Lais
```

24-3755   CDD-028.5

Índices para catálogo sistemático:
1. Literatura infantojuvenil brasileira

© 2024 do texto de Joanna Rita de Assis
© 2024 das ilustrações de Lais Oliveira

Este livro foi impresso em 1ª edição em 2024,
em papel couché 150 g/m^2, com capa em cartão 250 g/m^2.

Publicado por
GIRASSOL BRASIL EDIÇÕES LTDA.
Av. Copacabana, 325, Sala 1301, 18 do Forte
Alphaville – Barueri – SP – 06472-001
leitor@girassolbrasil.com.br
www.girassolbrasil.com.br

Direção editorial: Karine Gonçalves Pansa
Coordenadora editorial: Carolina Cespedes
Editora assistente: Lívia Pupo Sibinel
Assistente de conteúdo e metadados: Rebecca Silva
Projeto gráfico e diagramação: Thiago Nieri

Impresso no Brasil

É vedada a reprodução deste conteúdo sem prévia autorização do autor.
Todos os direitos reservados.

VERÔNICA, A MAGRELA que era FORTE

JOANNA DE ASSIS

Ilustrações de LAIS OLIVEIRA

GIRASSOL

Os números se amontoavam no caderno. Verônica não conseguia entender os exercícios de matemática que a professora escrevia na lousa. Afinal, como é que faz para resolver a equação? A+B = C? Ela estava determinada a chegar ao final de cada soma. Por isso, levantou o braço pela terceira vez para pedir ajuda.

– Verônica, desista. Você não sabe fazer! – gritou um menino da última fileira em meio às risadas de algumas outras crianças.

– Eu não sei mesmo, mas quero e vou aprender – respondeu com a voz firme, sem vergonha nenhuma.

Ninguém nasce sabendo, né? Todos os dias, a professora Ana tentava fazer as crianças entenderem que não há problema algum em cometer erros, desde que ninguém desistisse de terminar os exercícios. A persistência parecia ser uma grande dificuldade para aquele grupo de crianças, mas, para a pequena Verônica, a paciência era parte do caminho para o sucesso.

Por isso, para não ter medo de errar, Verônica criou uma fórmula para se proteger. Era o seu superpoder, sempre que sentia a necessidade de uma dose de força, ela repetia para si mesma:

"Tudo vai dar certo para Verônica".

E, como uma redoma cor-de-rosa – sua cor preferida – envolvendo-a em um abraço, esse pensamento sempre lhe dava o impulso necessário.

A descoberta desse poder causou um alvoroço na vida dessa menina! Verônica percebeu que podia fazer muitas coisas usando sua redoma mágica. E tinha pressa, queria ser tudo. E ser boa em matemática era apenas o começo.

As aulas de Educação Física eram as suas favoritas. Verônica queria praticar todos os esportes: tênis de mesa, polo aquático, natação, caratê, capoeira, futebol, judô... Ah, o judô era o que ela mais gostava!

Ter tanto esforço na escola e nos esportes dava uma fome... Por essa razão, na hora das refeições, comia feito um leão! Bolo, chocolate, sanduíche, guaraná, coxinha, pão de queijo. Mesmo assim, certo dia, ela sentiu uma fraqueza esquisita.

Não era falta de comida. Tinha acabado de almoçar e, como de costume, não sobrou nada no prato. Mas, de repente, ela sentiu uma tontura, uma dor de cabeça que remédio nenhum fazia passar. Parecia que havia um monstro dentro dela. E tinha. Verônica estava doente.

Depois de muito investigar, Verônica descobriu que o inimigo era uma bolinha dentro da cabeça, um grupo de células que passou a se comportar de forma incorreta, causando todos os sintomas que Verônica estava apresentando. Os adultos chamavam a bolinha de tumor, mas Verônica se referia a ela como Lex Caroção, um vilão pra lá de perverso que precisava ser derrotado pelos médicos, e por ela, o quanto antes.

Lex Caroção estava crescendo e queria tomar conta da menina para sempre. Então, ela precisou de medidas extremas, como parar de ir à escola e morar no hospital por um tempo, pois o tratamento da doença fazia com que qualquer gripe que ela pudesse pegar fosse muito perigosa.

O vilão estava agindo depressa. Lex Caroção estava ameaçando a visão de Verônica e seu controle de movimentos. O tratamento em si também não era fácil, trazia dores e enjoos.

O quarto de hospital era inteiro branco, nada parecido com sua casa, e ela sentia tanta falta da sua vida normal! Sentia falta até mesmo da matemática... Quando estava muito triste, fingia estar em seu quarto cor-de-rosa, sentadinha na cadeira de balanço, presente do avô, brincando com as bonecas de cabelos longos e embaraçados, suas amigas de todas as horas.

Foi uma batalha e tanto para vencer seu combatente, mas ela conseguiu. Foi difícil, doloroso, e Verônica caiu muitas vezes, porém se levantou em todas elas e o inimigo foi derrotado.

É claro que essa batalha deixou marcas, e os ataques de Lex Caroção causaram alguns problemas. Verônica precisaria reaprender a andar e a falar, e teria que largar o judô, esporte de que mais gostava, porque não podia mais sofrer nenhum impacto da cintura para cima. A volta para a escola também não foi nada fácil, e ela, mais uma vez, precisou se esforçar muito.

Verônica ficou muito triste por largar o judô. Então ativou seu poder mais uma vez. "Tudo dá certo para Verônica", e a redoma mágica ficou rosa-choque, envolvendo-a mais uma vez. E ela lembrou de algo maravilhoso: ela tinha vencido o Lex Caroção! Ela estava viva. Tinha uma nova chance. Então era hora de recomeçar!

Os movimentos e a fala de Verônica estavam voltando aos poucos. Ela já podia voltar para a escola. Eram muitas perguntas! Os amigos estavam confusos, por isso, Verônica respondia às dúvidas, se necessário mais de uma vez.

– Você sentiu dor?

– Sim, bastante. Ainda dói um pouco.

– Seu cabelo vai crescer de novo?

– Vai, sim. Com certeza!

– Era legal usar cadeira de rodas?

– Muito! Dá para fazer corrida...

– Você ficou sozinha lá? Ou com seus pais?

– Não, sempre tinha alguém comigo. Ainda bem, né?

– Os médicos e enfermeiros eram chatos e bravos?

– Olha, a maioria era bem legal.

Mas quando não queria conversar, ela dizia a seus colegas e todos entendiam. A prô Ana tinha explicado o que era a doença de Verônica e como o tratamento fora difícil. Os colegas da menina entenderam a importância de acolhê-la e ajudá-la quando ela não tinha força para carregar algumas coisas, ou quando precisava de apoio. Nesse recomeço, a família e os amigos foram muito importantes!

O pai de Verônica corria todos os dias. Então, certo domingo pela manhã, convidou a menina para ir até o parque. Já era a hora de Verônica conhecer outros esportes, e seu pai já tinha até comprado um tênis bem colorido para ela.

Verônica amou a corrida. Deu um monte de voltas, encheu ainda mais o pai de orgulho e, assim, ela reencontrou a paixão pelo esporte. Queria competir. E como seria? Fácil. Basta ter vontade de chegar até o final antes de todo mundo. Que coisa boa ser velocista!

"Tudo dá certo para Verônica". Era o que ela pensava sempre que largava na pista, aquela frase poderosa que a guiava sempre.

Quando o poder da resiliência agia, muitas Verônicas em formato de miniaturas davam forças para suas frágeis pernas. Não dava para ganhar sempre, mas, na maioria das vezes, a medalha estava garantida. E, assim, Verônica foi campeã de dezenas de competições, ao longo de muitos anos.

Bastante tempo depois, justamente quando Verônica estava se sentindo mais forte, um segundo vilão apareceu. Era um nome bem pequeno, mas que, na verdade, representava algo maior e complicado. Na medicina, é chamado de Acidente Vascular Cerebral, ou AVC. Para Verônica, era o AVC Vader.

Era difícil explicar para os colegas por que ela estava doente novamente. Acidente? Cerebral? Se é cerebral, então era dentro da cabeça mais uma vez? Se você olhar uma figura do nosso cérebro, verá muitas artérias levando sangue para os neurônios, que são as células que controlam o corpo todo, como se a gente tivesse um exército de mini-homenzinhos no comando das nossas sensações e pensamentos. Se os neurônios param de trabalhar e de receber sangue, o AVC Vader aparece para travar alguns movimentos de suas vítimas.

Esse segundo monstro levou Verônica de volta aos quartos brancos porque ficou sem conseguir mexer nada do lado direito do seu corpo. Imagine tentar apanhar uma maçã na fruteira e não ter a firmeza para segurá-la na mão? Não conseguir mastigar os alimentos direito ou até mesmo andar. Por isso, ela precisou fazer muitas visitas ao médico. Um deles, sem saber dos poderes especiais que ela tinha, disse que ela não poderia mais correr ou praticar esportes, porque seus movimentos jamais voltariam. Usou até mesmo a palavra IMPOSSÍVEL.

– Verônica, é impossível você voltar a correr. Eu lamento.

O que o doutor não sabia é que sempre que ela ouvia algo parecido com isso, ela sentia justamente o oposto. Era tão poderosa sua fé em si mesma que tinha vezes que Verônica nem usava sua redoma mágica, não precisava pensar na sua frase encantada.

Ela simplesmente olhou para o dr. Almeida e disse, sorrindo:

– Só eu digo o que é impossível para mim, doutor.

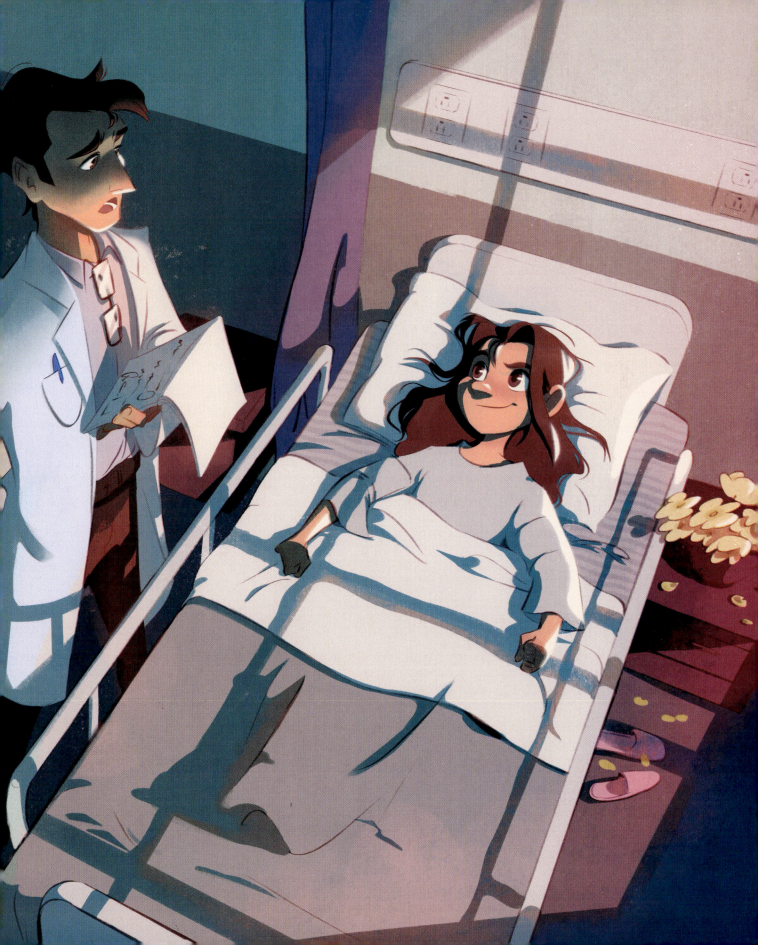

O AVC Vader foi vencido, mas deixou algumas consequências. Os movimentos de um lado do corpo de Verônica ficaram prejudicados, incluindo seu rosto. Correr era mais difícil agora. No entanto, Verônica continuou correndo. Teve que desenvolver uma técnica diferente para isso. Levou um certo tempo, mas deu certo. A corrida, inclusive, foi ótima para sua reabilitação.

Mas ainda havia alguns movimentos que, mesmo com várias sessões de fisioterapia, não tinham voltado completamente. E agora? Como ficariam as competições de corrida?

Havia solução! A garota descobriu que existia uma competição incrível, com pessoas do mundo todo, que também tinham vencido muitos monstros e que desafiavam todos os dias alguma deficiência física: os Jogos Paralímpicos!

Paralimpíada é igual a Olimpíada. É um evento enorme, disputado de quatro em quatro anos, que reúne atletas do mundo todo que possuem algum tipo de deficiência. A diferença é que os esportes são executados de maneira adaptada. Por exemplo, tem basquete em cadeira de rodas, natação para quem

24

não enxerga, tênis de mesa para quem só tem uma das mãos. Uau! É muito incrível o que esses atletas são capazes de fazer!

Um novo universo foi descoberto, e Verônica precisava treinar para essas novas competições, tentando conciliar tudo com seus estudos. A corrida precisava estar tão afiada quanto a matemática!

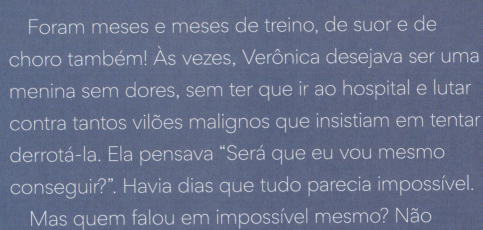

Foram meses e meses de treino, de suor e de choro também! Às vezes, Verônica desejava ser uma menina sem dores, sem ter que ir ao hospital e lutar contra tantos vilões malignos que insistiam em tentar derrotá-la. Ela pensava "Será que eu vou mesmo conseguir?". Havia dias que tudo parecia impossível.

Mas quem falou em impossível mesmo? Não a Verônica! Ela treinou muito, fez as adaptações que eram necessárias. De tanto treinar, a menina descobriu até mesmo como controlar o movimento que o braço faz para dar impulso, mesmo ele não se movendo da forma que o comando do cérebro dizia que tinha que ser.

A primeira competição internacional da Verônica foi o Campeonato Mundial de Atletismo Paralímpico. E qual medalha ela conquistou? Isso mesmo, ouro! Verônica foi a mais veloz na prova dos 200 metros rasos. Não dava nem para piscar ao ver ela correr, senão você perderia a disputa.

E foram anos com Verônica entre competições e batalhas. Em cinco anos, Verônica derrotou sete vilões de saúde diferentes: Lex Caroção, AVC Vader, teve também o Minhoqueto, o Dodoizão... Cada um mais desafiador que o outro.

Verônica não só venceu todos esses vilões, como também venceu incontáveis provas de corrida! A que ela mais queria eram as Paralimpíadas do Rio de Janeiro, e ela conseguiu! Não só correu ao lado dos atletas mais incríveis do mundo, que também enfrentaram vilões terríveis e cruéis, como foi uma das melhores, ficando com a medalha de prata nos 200 metros e com a de bronze nos 400 metros.

As próximas corridas de Verônica ainda estão por vir. Com ou sem medalha, ela continua sempre vencedora e sendo um lindo exemplo de perseverança e garra! Afinal, o sucesso nasce do querer mais profundo do nosso coração.

INSPIRAÇÕES DA VERÔNICA

JOSÉ DIMAS HIPÓLITO
Pai da Verônica

JOSENILDA SILVA HIPÓLITO
Mãe da Verônica

BRUNA ALEXANDRE
Atleta paralímpica

DANIEL DIAS
Atleta paralímpico

MARKUS REHM
Atleta paralímpico

OMARA DURAND
Atleta paralímpica

JOANNA DE ASSIS

Joanna de Assis começou sua carreira no jornalismo em 1999, na Gazeta Esportiva, e, desde então, tem se consolidado como uma das maiores jornalistas esportivas do país, com diversos prêmios no currículo. Passou pelo Terra, Uol, Revista Placar, Ge.com e, em 2008, iniciou sua carreira na televisão no SPORTV, cobrindo os maiores eventos esportivos do mundo e entrevistando feras como Roger Federer, Rafael Nadal, Ronaldo Fenômeno, Cristiano Ronaldo, Simone Biles, Boris Becker, Michael Phelps, Lebron James, Usain Bolt e muitas outras lendas do esporte mundial. Trabalhou por oito anos no programa "Bem, amigos", de Galvão Bueno, e foi correspondente internacional em Nova York.

Para além do jornalismo, Joanna também é mãe de Agatha, de 3 anos.

Quando a jornalista conheceu Verônica Hipólito, ficou fascinada com a história de vida da atleta. Desde então, tinha o sonho de publicar a história em um livro infantil e, agora, pôde realizá-lo!

LAIS OLIVEIRA

 Lais Oliveira atua na área da arte desde 2016, quando se formou em Tecnologia da Animação pela Faculdade Belas Artes. Apesar de ser formada em Animação, sua paixão sempre residiu em desenvolvimento visual, *concept* e nas artes visuais. Atualmente, trabalha focada em materiais didáticos e em literatura infantojuvenil. Ela ama criar e dar vida a cada traço que compõe um personagem, sempre tendo em mente as seguintes questões: o que ele leva em sua bolsa? Como é sua casa, e as pessoas que a visitam?

 Dar vida a trechos de uma história e possibilitar que ela saia do plano imaginário para o plano real tornou-se sua fonte, não apenas financeira, claro, mas de felicidade, êxtase e orgulho. Não diferente, este livro foi um divertido desafio para fazer jus à história tão incrível.